Mensagem de Páscoa

Renilda Formigão

Mensagem de Páscoa

Dados Internacionais de Catalogação na Publicação (CIP)
(Câmara Brasileira do Livro, SP, Brasil)

Formigão, Renilda
  Mensagem de Páscoa / Renilda Formigão. — São Paulo : Editora Paulinas, 2017. (Coleção fé e anúncio)

  ISBN: 978-85-356-4260-5

  1. Cristianismo 2. Páscoa I. Título II. Série.

16-00272   CDD-262.93

Índice para catálogo sistemático:

1. Páscoa : Cristianismo   262.93

1ª edição — 2017

Direção-geral: Bernadete Boff
Editora responsável: Andréia Schweitzer
Copidesque: Simone Rezende
Coordenação de revisão: Marina Mendonça
Revisão: Sandra Sinzato
Gerente de produção: Felício Calegaro Neto
Projeto gráfico: Jéssica Diniz Souza
Referências bíblicas: Mt 28; Lc 24; 1Cor 15
Imagens: Fotolia — © kevron2001 (capa);
© sergei_fish13 (pp. 6-7); © Sarote (p. 8)
© sutichak (p. 10); © chaunpis (p. 12);
© martinsvanags (pp. 14-15);
© Gino Santa Maria (pp. 16-17); © amst (p. 18);
© rolffimages (pp. 20-21).

Nenhuma parte desta obra poderá ser reproduzida ou transmitida por qualquer forma e/ou quaisquer meios (eletrônico ou mecânico, incluindo fotocópia e gravação) ou arquivada em qualquer sistema ou banco de dados sem permissão escrita da Editora. Direitos reservados.

Paulinas

Rua Dona Inácia Uchoa, 62
04110-020 — São Paulo — SP (Brasil)
Tel.: (11) 2125-3500
http://www.paulinas.org.br — editora@paulinas.com.br
Telemarketing e SAC: 0800-7010081

© Pia Sociedade Filhas de São Paulo — São Paulo, 2017

"*Quando Cristo, vossa vida, se manifestar, então vós também sereis manifestados com ele, cheios de glória.*"

(CL 3,4)

Quero compartilhar com você uma grande notícia. Uma notícia que mudou o rumo da história humana. Esse fato aconteceu em Jerusalém, na Palestina, num passado milenar.

Um grande dia!

Depois do sábado, no primeiro dia da semana, bem de madrugada, algumas mulheres, entre as quais estava Maria, mãe de Tiago, um dos discípulos de Jesus, foram ao túmulo de Jesus, levando os perfumes que haviam preparado. Ao chegarem, encontraram a pedra do túmulo removida. Mas, ao entrarem, não encontraram o corpo do Senhor Jesus e ficaram sem saber o que estava acontecendo.

A grande notícia

Dois homens, com roupas brilhantes, pararam perto delas. Elas ficaram com medo e olhavam para o chão. No entanto, os dois homens disseram: "Por que vocês estão procurando entre os mortos aquele que está vivo? Não tenham medo, vocês estão procurando Jesus, que foi crucificado. Ele não está aqui. Ressuscitou, como havia dito! Venham ver o lugar onde ele estava. E vão depressa contar aos discípulos que ele ressuscitou dos mortos, e que vai à frente de vocês para a Galileia. Lá vocês o verão".

O encontro

As mulheres saíram depressa do túmulo; estavam com medo, mas correram com muita alegria para dar a notícia aos discípulos.

De repente, Jesus foi ao encontro delas, e disse: "Alegrem-se!". As mulheres se aproximaram e se ajoelharam diante de Jesus, abraçando-lhe os pés. Então Jesus disse a elas: "Não tenham medo. Vão anunciar aos meus irmãos que se dirijam para a Galileia. Lá eles me verão".

A comunicação

As mulheres voltaram do túmulo e anunciaram tudo isso aos outros discípulos de Jesus. Contudo, eles acharam que eram tolices o que as mulheres contavam e não acreditaram nelas.

Confirmando
o acontecimento

Pedro, porém, levantou-se e correu para o túmulo. Inclinou-se e viu apenas os lençóis de linho. Então voltou para casa, admirado com o que havia acontecido.

Alguns dias depois...

Os discípulos de Jesus estavam conversando quando Jesus apareceu no meio deles e disse: "A paz esteja com vocês".

Espantados e cheios de medo, pensavam estar vendo um espírito. Então Jesus disse: "Por que vocês estão perturbados, e por que o coração de vocês está cheio de dúvidas? Vejam minhas mãos e meus pés: sou eu mesmo. Toquem-me e vejam: um espírito não tem carne e ossos, como vocês podem ver que eu tenho". E, dizendo isso, Jesus mostrou-lhes as mãos e os pés.

E como eles ainda não estavam acreditando, por causa da alegria e do espanto, Jesus disse: "Vocês têm aqui alguma coisa para comer?". Eles ofereceram a Jesus um pedaço de peixe grelhado. Jesus pegou o peixe e o comeu diante deles.

Alguns anos depois...
O testemunho
de Paulo de Tarso

"Irmãos, quero lembrar-vos [...] Cristo morreu pelos nossos pecados, segundo as Escrituras, foi sepultado e, ao terceiro dia, foi ressuscitado, segundo as Escrituras; e apareceu a Pedro e, depois aos Doze. Mais tarde, apareceu a mais de quinhentos irmãos de uma vez. Destes, a maioria ainda vive e alguns já morreram. Depois, apareceu a Tiago; depois, a todos os apóstolos; por último, apareceu também a mim".

Alegre-se! Jesus ressuscitou
e continua vivo entre nós!
Eis a grande notícia que desejo
compartilhar com você.

Feliz festa da Vida!
Feliz Páscoa!

Impresso na gráfica da
Pia Sociedade Filhas de São Paulo
Via Raposo Tavares, km 19,145
05577-300 - São Paulo, SP - Brasil - 2017